HOMMAGES

AU ROI.

HOMMAGES
AU ROI.

Le 15 Septembre 1827,

VEILLE DE L'ARRIVÉE DU ROI A ARRAS.

PALÉMON. DAPHNIS.

églogue.

PALÉMON.

C'est demain que luira l'aurore fortunée ;
Où de fleurs en festons la tête couronnée,
Nous quitterons nos prés, nos bois et nos troupeaux ;
C'est demain qu'au doux son des agrestes pipeaux,
Et dirigeant nos pas vers la cité chérie,
Nous mêlerons nos vœux aux vœux de la patrie.

DAPHNIS.

Le bonheur brille ici ; l'écho dans ces vergers
Répète les chansons de nos joyeux bergers.
Demain, cher Palémon, dès que l'aube naissante
Viendra dorer des monts la cîme jaunissante ;
Tu nous verras soudain quittant nos humbles toîts,
Suspendre nos travaux et marcher à ta voix.

PALÉMON.

« Comment peindre, ô Daphnis, notre commune ivresse,
Autour du *Bien-Aimé* comme chacun s'empresse ;
Déjà de tous côtés les citoyens épars,
Les femmes, les enfans, de timides vieillards
Annoncent par leurs cris son auguste présence,
Il s'avance entouré des flots d'un peuple immense ;
Le bronze, obéissant aux enfans de l'Artois,
Fête ce jour si beau pour le meilleur des Rois.
La foule avec orgueil le presse, l'environne ;
Il règne sur nos cœurs, c'est là son plus beau trône ;
Sa présence est pour nous ce qu'est l'ombre en été,
Quand le char du soleil sur nous semble arrêté,
Ou ce qu'est la rosée à l'aride verdure,
Lorsqu'un ciel tout en feu désole la nature. »

DAPHNIS.

« Chantez, muses, chantez le fils de St.-Louis ;
De ses grandes vertus les Français éblouis
Célèbrent à l'envi sa royale clémence ;
Plein de gloire il préside au bonheur de la France ;
Et cet air noble et doux répandu sur ses traits,
Fait revivre à nos yeux l'âme du Béarnais. »

PALÉMON.

« Cérès a reparu dans nos plaines fertiles ;
La paix règne en nos champs ; la paix règne en nos villes,

Charles veut désormais que les enfans de Mars
Consacrent leurs loisirs au culte des beaux arts ;
O France, ma patrie ! ô fertile contrée !
Favorable à nos vœux que la divine Astrée,
Abandonnant enfin la demeure des Dieux,
Revienne pour toujours et se fixe en ces lieux. »

DAPHNIS.

« Que le lis, aux blancheurs de l'aube matinale,
S'élance radieux sur sa tige royale ;
Sa couronne immortelle au milieu de nos fleurs
Efface leur éclat par ses nobles couleurs. »

PALÉMON.

« Que du chef des Bourbons les paisibles années
S'écoulent sans effort de gloire environnées ;
Que Charles triomphant et chéri des Français
Compte de nouveaux jours par de nouveaux bienfaits ;
Et que son règne inscrit au temple de mémoire
Embellisse à jamais les pages de l'histoire. »

B. H.

QUEL plus touchant spectacle que celui d'un Monarque puissant, entouré de l'amour et de la vénération de ses Sujets ; dont le Règne est marqué chaque jour par de nouveaux bienfaits ; qui étend sa main protectrice sur toutes les Industries ; qui encourage les Sciences et les Arts , et dont la sollicitude éclairée va chercher , dans son humble retraite, le mérite modeste et caché pour le récompenser. Heureux le peuple gouverné par un tel Prince ! Plus heureuse encore la ville qu'il a choisie pour sa Résidence, et qui peut se glorifier de posséder dans son sein ce modèle de toutes les vertus. Pour nous, qui avons été privés jusqu'à ce jour de la présence de notre Bien-Aimé Souverain, quelle n'est pas notre allégresse en apprenant que Sa Majesté s'est ressouvenue de son antique et fidèle Province, et que bientôt il nous sera permis de lui payer dignement notre tribut d'hommage et de reconnaissance.

Déjà les habitans des campagnes abandonnent leurs chaumières ; ils se précipitent en foule sur le passage du Roi ; tous les cœurs volent au-devant de ses pas : ce sont des Enfans affamés de contempler les traits de leur auguste Père ; c'est une nombreuse Famille qui se presse avec enthousiasme autour de son Chef vénérable. Chacun répète avec attendrissement : *J'ai vu le Roi !* et des larmes de joie, larmes bien délicieuses mouillent tous les yeux. *J'ai vu le Roi !* Que ce mot, prononcé dans l'effusion du cœur, peint avec énergie les sentimens qui animent tous le Français. Comme il est l'expression pure et simple du respect et de l'attachement voué depuis longtems à la noble Dynastie des Bourbons !

L'ivresse est générale ; le bonheur brille dans tous les regards ; les Citoyens confondus célèbrent à l'envi les louanges d'un Prince si généreux, si magnanime. La Religion, dont il est le plus ferme soutien, emprunte aussi la voix de ses Ministres dans cette grande Solennité. De saints cantiques résonnent sous les voûtes des Temples remplis de Fidèles ; des Pontifs en cheveux blancs appellent les bénédictions du ciel sur la tête du Conservateur de la Patrie ; ils conjurent l'Être-Suprême de nous garder longtems encore les jours précieux du Petit-Fils de St.-Louis. Oh ! que cet empressement des Citoyens ; que ces témoignages non équivoques d'amour, sont le plus bel éloge que l'on puisse faire d'un Monarque, l'idole de ses Sujets ! Ce jour à jamais mémorable a surpassé toutes nos espérances; CHARLES, le Bien-Aimé, a comblé la mesure de ses Grâces, et ses royales faveurs ont été bien au-delà de nos vœux. Prouvons, par la grandeur de nos sentimens, que nous sommes dignes de cette honorable distinction; montrons à tous qu'au fond de nos cœurs est gravée l'image des Bourbous, et que le dévouement dont nous avons fait preuve jusqu'à ce jour, ne finira qu'avec notre vie.

CHARLES X A ARRAS.

CHANT DITHYRAMBIQUE.

Emblême d'un règne prospère,
Qui jamais des Français ne fit couler les pleurs,
Des Lis flottez, noble bannière,
Déployez dans les airs vos brillantes couleurs.

Qu'ai-je entendu, Français? image du tonnerre,
Des mains de Bellonne sorti,
Au loin cent fois le bronze a retenti;
D'effroi n'en frémit plus la terre.
Il luit ce jour si beau, dès longtems annoncé;
L'airain du temple se balance,
Et se mêle à ce cri jusqu'aux cieux élancé :
Vive le Roi ! vive la France !

Qui s'avance en nos murs ? je vois un peuple heureux
De son amour lui présenter l'hommage,
Et se presser sur son passage
A flots tumultueux.

Emblême d'un règne prospère,
Qui jamais des Français ne fit couler les pleurs,
Des lis, flottez, noble bannière,
Déployez dans les airs vos brillantes couleurs.

C'est Charles, c'est le chef d'une famille auguste,
Un prince que les cieux nous gardaient à jamais,
Qui du règne à la fois le plus doux, le plus juste,
Compte les jours par de nouveaux bienfaits.

Quand le soleil des lis se levait sur la France,
Il proclamait ces vœux de la terre entendus :
« Concorde, oubli. »..... Que la reconnaissance
Soit aux pieds d'un français de plus.

D'un peuple généreux, salut ! Roi magnanime !
Au-devant de tes pas tout l'Artois s'est porté :
De joie à ton approche un accent unanime
De tous les cœurs a soudain éclaté.

Emblême d'un règne prospère,
Qui jamais des Français ne fit couler les pleurs,
Des lis flottez, noble bannière,
Déployez dans les airs vos brillantes couleurs.

Oh ! que j'aime ce jour d'éternelle mémoire,
De l'illustrer, les arts sauront s'énorgueillir ; (*)
Déja la muse de l'histoire
En son sein va les recueillir.

(*) La Médaille frappée pour perpétuer le souvenir du passage de S. M. à Arras.

Préludons aux accords d'une muse exercée ;
   Viens, ô ma lyre, et qu'un hymne vainqueur
   Sache embellir sans voiler ma pensée,
Que mes vers soient toujours l'organe de mon cœur.

Pour chanter dignement le prince qui nous aime,
Amis, pour célébrer ses vertus, sa bonté,
     Il ne faut le peindre lui-même
     Que des traits de la vérité.

     Emblême d'un règne prospère,
Qui jamais des Français ne fit couler les pleurs,
     Des lis flottez, noble bannière,
Déployez dans les airs vos brillantes couleurs.

La loyauté préside aux vœux de la couronne ;
D'un régime incertain nous avons trop souffert ;
Oui, ce front où de Dieu la majesté rayonne,
Devant la nation se montre à découvert.

     Les bons rois donnés à la terre,
   Ont des amis et jamais de flatteurs ;
De l'adulation la bouche mensongère,
Des sujets trop souvent déguise les malheurs.

     J'ai vu la France consolée,
     Au sein du commerce et des arts,
Oublier que naguère elle fut accablée
     Du bouclier de Mars.

     Emblême d'un règne prospère,
Qui jamais des Français ne fit couler les pleurs,
     Des lis flottez, noble bannière,
Déployez dans les airs vos brillantes couleurs.

Dans l'arène où l'appelle une injuste victoire,
Roule d'un conquérant le char ensanglanté....

L'arrêt vengeur de la postérité
  Lui ravira de faux titres de gloire.
Par les eaux du torrent ton champ est dévasté,
  La foudre a frappé ta chaumière ;
    Déjà sous la voûte étrangère
Repose de tes fils le front épouvanté.

Mais ce n'est point assez du chaume qui vous couvre ;
  D'autres besoins se font sentir ;
  Charles le sait, et soudain sa main s'ouvre ;
  Consolez-vous, vous cessez de souffrir.

    Emblême d'un règne prospère,
Qui jamais des Français ne fit couler les pleurs,
    Des lis flottez, noble bannière,
Déployez dans les airs vos brillantes couleurs.

Au supplice les lois ont dévoué ta tête ;
  Le plomb guerrier va déchirer ton cœur,
    Nu des insignes de l'honneur... ;
Tel le cèdre orgueilleux brisé par la tempête.....

Tu peux nourrir encor de nobles sentimens ;
Un instant égaré, ton cœur est-il coupable ?
Mais d'un arrêt fatal la honte inévitable,
    S'attache à tes derniers momens.

  Quel dieu sur toi suspendra son Egide ?
Du bandeau de la mort ton front environné,
Attend en pâlissant le signal homicide....
Lève-toi, malheureux, le Roi t'a pardonné.

    Emblême d'un règne prospère,
Qui jamais des Français ne fit couler les pleurs,
    Des lis flottez, noble bannière,
Déployez dans les airs vos brillantes couleurs.

Heureux le souverain que son peuple révère !
Qui du règne des lois affermit le pouvoir,
  Qui jamais d'une main sévère
N'a voulu resserrer les chaînes du devoir.

  Non, il n'est plus pour ma belle patrie
A redouter encor de sinistres erreurs :
La Charte, les Bourbons avec la Monarchie,
  Autour des lis ont grouppé tous les cœurs.

Tu vengeras l'affront fait à l'Europe entière,
Charles ; pour expier de coupables succès,
Alger imprimera son front dans la poussière
  Devant le pavillon français.

  Emblême d'un règne prospère,
Qui jamais des Français ne fit couler les pleurs,
  Des lis flottez, noble bannière,
Déployez dans les airs vos brillantes couleurs.

Au bonheur des états la liberté préside ;
  Un peuple abruti dans les fers,
Sous le joug oppresseur incline un front stupide ;
N'a que le sentiment de ses propres revers.

Qu'importe à leurs destins qu'un voisin les opprime ?
Défendront-ils ce sol de leurs pleurs arrosé ?
  Qu'importe à la victime
Pour quel tyran son sang est épuisé !

Qu'un ennemi puissant, armé par la vengeance,
Demain ose attenter à notre indépendance,
  Heureuse et libre sous son Roi,
Charles, demain la France est debout avec toi.

  Emblême d'un règne prospère,
Qui jamais des Français ne fit couler les pleurs ;

Des lis flottez, noble bannière,
Déployez dans les airs vos brillantes couleurs,

Des fils du vieil Artois qui couvrent ce rivage,
O prince qu'il est pur l'hommage universel,
On peut nous disputer ce tribut solennel,
Mais jamais t'aimer davantage.

Protège de tes lois la veuve et l'orphelin,
Des Français à jamais sois l'arbitre suprême,
Au destin de ton peuple enchaîne ton destin ;
O Charles ! qu'ils sont beaux les droits du diadême !

Parmi tant de cités qui confondent leurs voix,
Arras doit s'élever plus que tout autre encore,
Avant que d'hériter du sceptre qu'il honore,
Charles dix fut Comte d'Artois.

Emblême d'un règne prospère,
Qui jamais des Français ne fit couler les pleurs,
Des lis flottez, noble bannière,
Déployez dans les airs vos brillantes couleurs.

Y. DUPREZ.

L'ARRIVÉE

De Sa Majesté Charles X

à Arras.

Air : *du Serment français.*

Enfin, du haut de nos murailles,
D'heureux jours joyeux précurseur,
Le bronze tonnant des batailles
A de l'Astre royal salué la splendeur.
Flottez, flottez, nobles Bannières,
Sur les remparts du vieil Artois,
Ombragez, Drapeaux de nos Pères,
L'auguste front du meilleur de nos Rois.

Dans les transports de notre ivresse,
De fleurs parsemons les chemins,
Que les doux chants de l'allégresse
Couvrent du carillon les accords argentins.
Flottez, *etc.*

Déjà, la fanfare guerrière
Au Peuple annonce ton Aspect ;
Déjà, ton Sceptre héréditaire
Commande de tes Fils l'Orgueil et le Respect.
Flottez, *etc.*

Tu parais ; l'amour environne
Le blanc Panache du Bourbon ;
Ah ! qu'on chérit une Couronne
Qu'ennoblit des héros le digne Rejeton !
Flottez , *etc*.

Fils de Henri, de ta Province
Chaque Habitant peut être vain ;
L'Artois, Apanage du Prince,
Est devenu l'Aîné des Fils du Souverain.
Flottez , *etc*.

Vois ces Vieillards octogénaires,
Ces jeunes Vierges, ces Enfans,
Au Ciel adresser leurs Prières,
Et de leur Souverain bénir les cheveux blancs.
Flottez , *etc*.

Vois, dans ta Légion civique,
Ces Guerriers, vieux enfans de Mars,
Ils ont offert leur Glaive antique
Sur l'Autel de la Paix, au Temple des Beaux-Arts.
Flottez , *etc*.

Mais si les fers de l'esclavage
Menaçaient la blancheur des Lys,
Secouant les glaçons de l'âge,
Ils reviendraient mourir en sauvant leur Pays.
Flottez , *etc*.

Sous ton Égide tutélaire,
Moissonne en paix le Laboureur ;
Le Commerce étend sa Carrière ;
Les Lettres et les Arts chantent leur Protecteur.
Flottez , *etc*.

A ta voix, la France découvre
L'Orgueil de ses nombreux Trésors ;
Et des vastes Palais du Louvre,
Sous leurs riche Fardeau, fléchissent les Supports.
    Flottez, *etc.*

Mars a déposé sa furie ;
  Le Glaive n'est plus meurtrier,
Et les Soutiens de la Patrie
Cultivent les Beaux-Arts à l'Ombre du Laurier.
    Flottez, *etc.*

Puissent tous les Français répondre
Au Cœur du Roi que nous chantons ;
Puissent tous les vœux se confondre
Dans le Respect des Lois et l'Amour des Bourbons !
    Flottez, *etc.*

Puisse enfin la Parque rebelle
Exaucer les vœux que je fais,
Puisse ta Vie être éternelle
Pour le Repos du Monde et l'Orgueil des Français !
    Flottez, flottez, nobles Bannières,
    Sur les remparts du vieil Artois,
    Ombragez, Drapeaux de nos Pères,
L'auguste front du meilleur de nos Rois.

F. FORTIN.